Couverture inférieure manquante

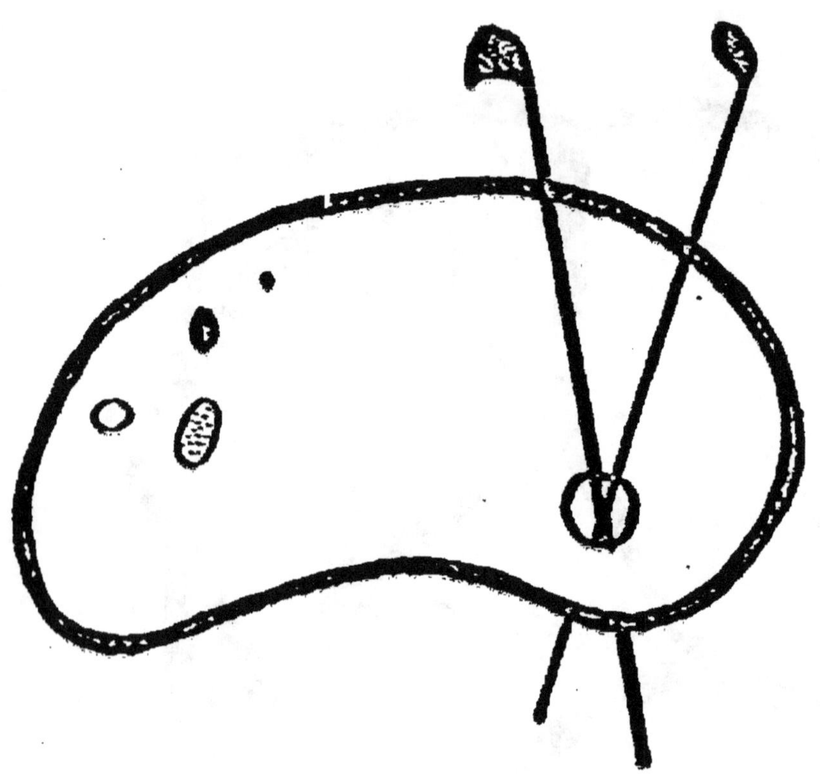

DEBUT D'UNE SERIE DE DOCUMENTS
EN COULEUR

LA

RÉFORME HYPOTHÉCAIRE

AU SÉNAT
ET A LA COMMISSION DU CADASTRE

PAR

Jules ARNAULT

INSPECTEUR DE L'ENREGISTREMENT ET DES DOMAINES

Avec le texte du projet de loi déposé au Sénat
par le Ministre de la Justice et le vœu émis par le
CONGRÈS DE LA PROPRIÉTÉ BATIE

Extrait du Journal « LA LOI » des 25-26, 28 et 29 Juillet 1897

Prix : 1 franc 50

PARIS

V. GIARD ET E. BRIÈRE
LIBRAIRES ÉDITEURS
16, rue Soufflot, 16

1897

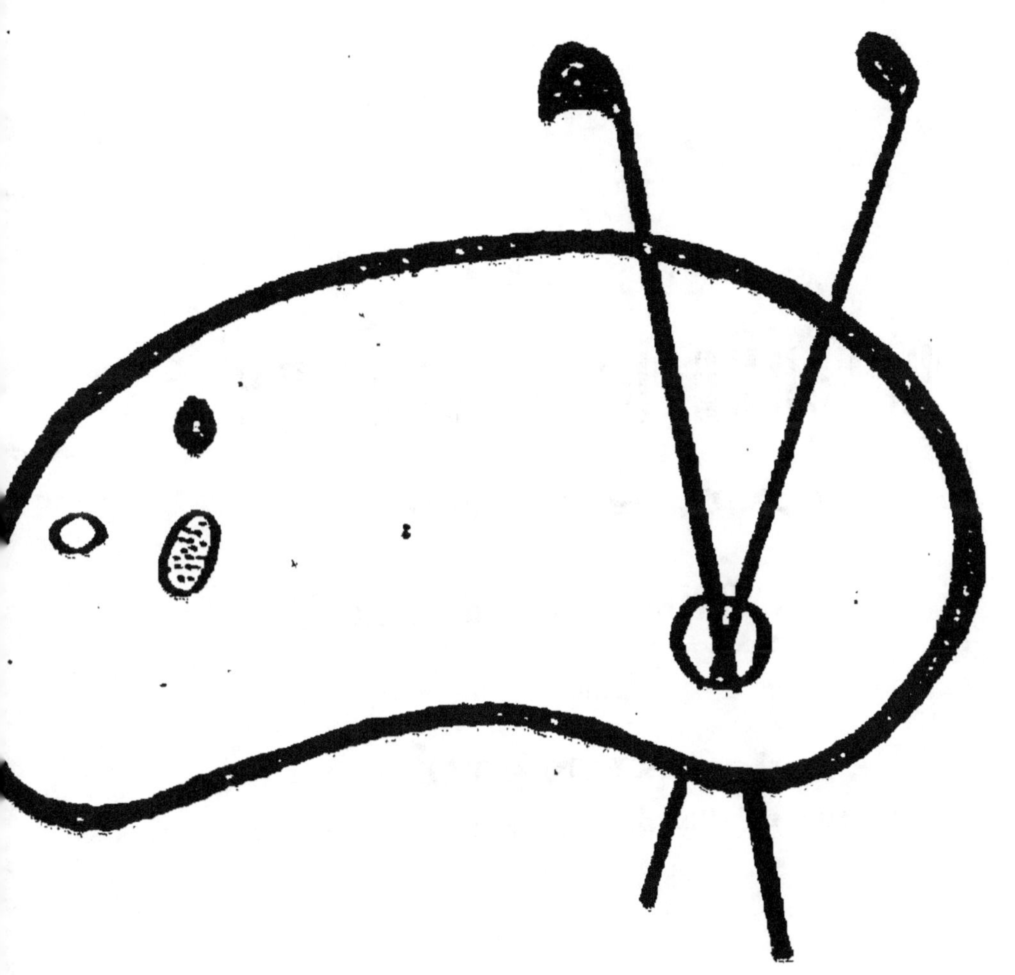

FIN D'UNE SERIE DE DOCUMENTS
EN COULEUR

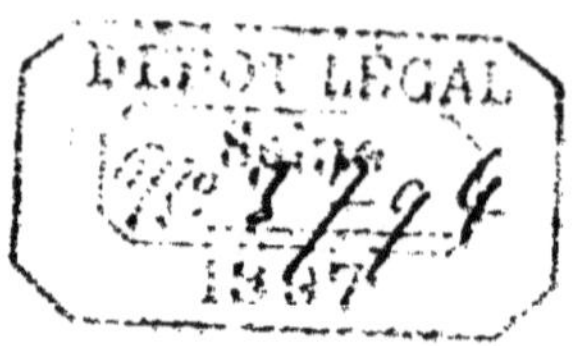

LA

RÉFORME HYPOTHÉCAIRE

AU SÉNAT

ET A LA COMMISSION DU CADASTRE

PAR

Jules ARNAULT

INSPECTEUR DE L'ENREGISTREMENT ET DES DOMAINES

LA RÉFORME HYPOTHÉCAIRE

au Congrès de la Propriété Bâtie

La Loi du 9 juin dernier a publié l'avis du *Congrès de la propriété bâtie* sur le projet de loi relatif à la réforme hypothécaire, présenté au Sénat par le Gouvernement le 24 novembre 1896.

Ce projet préparé par une commission, que présidait M. Falcimaigne, conseiller à la Cour de cassation, n'a pas encore été rapporté et l'avis du *Congrès de la propriété bâtie* paraît être une des premières manifestations de l'opinion publique. Cet avis mérite donc qu'on s'y arrête et qu'on pèse, sans parti pris, les raisons que donne le Congrès pour proposer le rejet pur et simple, presque la *mort sans phrases* du projet ministériel.

Aucune disposition du projet n'a trouvé grâce devant le Congrès et le vœu émis a été que *le projet ne doit pas être adopté.*

Cet avis aurait gagné en autorité à être complété par l'énonciation des vœux propres du Congrès ; car personne en France n'oserait sérieusement soutenir que notre régime hypothécaire est parfait. Il y a plus de 90 ans que l'on discute sur les modifications à apporter au titre xviii du Code civil et si, réellement, le Congrès de la propriété bâtie pense que cette partie du

Code, telle qu'elle a été complétée par les lois du 23 mars 1855 et du 13 février 1889, est à l'abri de toute critique, il eût bien fait de le proclamer bien haut et d'en donner les motifs — car c'est la première fois que pareille opinion a été émise depuis la promulgation du Code.

Tout le monde convient, généralement, des lacunes et des imperfections de notre régime hypothécaire. Là où les avis diffèrent et diffèrent même radicalement, c'est quand il s'agit des réformes à adopter.

I

Sous le régime actuel, les immeubles se transmettent par le seul effet de la loi ou de la volonté des parties. La transmission est parfaite entre les parties sans qu'aucune manifestation extérieure soit nécessaire et sans qu'aucune intervention de l'Etat se produise.

D'autre part, certains priviléges ou hypothèques sont occultes et toutes les transmissions ne sont pas rendues publiques par la transcription hypothécaire.

Il en résulte que les tiers qui achètent des propriétés ou les capitalistes qui consentent des prêts hypothécaires, sont exposés à être évincés, à payer deux fois ou à perdre leurs capitaux, faute de n'avoir pas été suffisamment renseignés sur la véritable situation juridique des personnes, sur leurs droits ou sur les charges réelles qui grevaient l'immeuble vendu ou offert en gage.

Ce n'est pas auprès des lecteurs de *La Loi* qu'il faut insister pour démontrer que le péril hypothécaire n'est pas un péril imaginaire.

Les magistrats qui règlent les ordres, les avoués qui préparent les adjudications, les notaires qui prennent les inscriptions, requièrent les états et font transcrire les contrats, connaissent trop les complications et les difficultés de la matière hypothécaire pour être convertis à la nécessité d'une réforme.

Peut être même cette réforme serait-elle depuis long-temps accomplie si, sortant de la théorie et faisant abstraction des discussions de l'école, le Gouvernement s'était adressé à eux et avait posé aux tribunaux et aux chambres des notaires et des avoués une seule et unique question.

« *Quels sont les renseignements indispensables pour* « *connaître, dans la pratique, à qui appartient un immeu-* « *ble donné et les droits réels dont il est grevé ?* »

Tout le problème foncier réside dans la réponse à cette question qui pourrait être mise sous cette forme algébrique.

« *Soit un immeuble N, connaître le propriétaire X...,* « *et, connaissant ce propriétaire, savoir à quelles conditions* « *il peut aliéner ou hypothéquer et à qui, en cas de vente,* « *le prix doit être payé.* »

Tant que le problème ne pourra être résolu avec la certitude et l'évidence de la solution d'un problème mathématique, le droit de propriété restera incertain. L'acquéreur ou le prêteur auront des chances d'être évincés, de payer deux fois ou de perdre leur argent en tout ou en partie. Et il est d'ailleurs évident, sans qu'il soit vraiment utile de le démontrer, que les premières victimes d'un pareil état de la propriété foncière en France sont les propriétaires eux-mêmes.

Un immeuble, en effet, ne peut avoir toute sa valeur que quand le propriétaire peut prouver qu'il a le droit exclusif d'en disposer, — ou dans quelle limite ce droit est restreint. Si la loi est telle qu'il règne un doute sur l'efficacité de cette preuve, le propriétaire sera gêné pour vendre ou hypothéquer. Il est donc le premier intéressé à la réforme de la législation actuelle.

II

La première condition de cette réforme est par con-séquent la nullité, au regard des tiers, de toute trans-mission, de tout privilège, ou de toute hypothèque occultes.

C'est ce qu'a compris le Ministre de la Justice dont le projet soumet à la publicité, *tous actes ou conventions entre vifs à titre gratuit ou à titre onéreux et tous jugements ayant pour effet de constituer, transmettre, déclarer, modifier ou éteindre un droit réel immobilier (art. 1) et les mutations par décès des droits immobiliers.*

Pour les privilèges, le projet les supprime ou les soumet à des règles de publicité dans le détail desquelles nous n'entrerons pas ; et, quant aux hypothèques, l'article 17 pose le principe absolu de la publicité et de la spécialité.

Toute hypothèque, soit légale, soit conventionnelle, devra être inscrite pour être opposable aux tiers et ne pourra être prise que pour une somme et sur des immeubles déterminés.

A ces propositions le Congrès répond :

1° Que le projet crée, *sans intérêt sérieux,* une nouvelle catégorie d'actes à transcrire en aggravant considérablement les charges qui grèvent la propriété immobilière ;

2° Que la suppression des privilèges généraux sur les immeubles est contraire aux règles d'équité qui, suivant le mot de Bigot de Préameneu en 1804 se *retrouvent dans tous les siècles et dans tous les codes ;*

3° Qu'en ce qui concerne le privilège du vendeur et l'action résolutoire, la loi de 1855 a su concilier tous les intérêts et que le projet serait de nature à sacrifier sans raison légitime les intérêts du vendeur non payé.

Et 4° que les modifications proposées au régime des hypothèques légales sont inutiles en présence des articles 2143 et 2144 du Code civil et qu'elles seraient dangereuses pour les intérêts des femmes et des incapables.

Enfin, le Congrès estime que la suppression de l'hypothèque judiciaire, également proposée par le Gouvernement, serait funeste aux créanciers les plus dignes d'intérêt et aux débiteurs eux-mêmes.

III

Sur certains points, nous ne serions pas éloigné de partager l'avis du Congrès et peut-être, en effet, le projet du Gouvernement a-t-il attaché trop d'importance au principe de la spécialité de l'hypothèque.

Autant, en effet, il peut être utile, comme d'ailleurs l'article 38 du projet le comporte, d'ouvrir un compte à l'immeuble, indépendamment du compte ouvert à la personne, de manière à ce que l'examen du compte de l'immeuble révèle à qui appartient cet immeuble et les droits réels qui le grèvent, autant, dans la pratique, il est de peu d'importance que l'hypothèque inscrite ne porte que sur des immeubles désignés, comme l'exige l'article 17 du projet.

Pour nous faire comprendre, prenons un exemple.

Soit un propriétaire que nous appellerons Jean-Pierre-Louis Gauthier. Ce propriétaire a un compte ouvert à la Conservation des hypothèques de Chartres. Ce compte se trouve inscrit au volume 25, n° 150.

Nous suivrons ce compte et nous y lirons, *à l'actif*, que M. Gauthier possède :

1° Un champ	C	acheté le	15 janvier	1800.
2° Une maison	M	—	1er mai	1801.
3° Un pré	P	—	15 juin	1892.
4° Une Vigne	V	—	12 octobre	1893.
5° Un jardin	J.	—	20 décemb.	1895.

Chacun de ces immeubles a un compte ouvert en vertu de l'article 38 du projet de loi que nous supposons voté.

Comment les choses se passeraient-elles dans les différentes hypothèses que l'on peut faire ?

Un créancier n° 1 requiert, le 2 janvier 1896, l'inscription d'une hypothèque de 1,000 francs sur le champ C; le 3 janvier 1896, un créancier n° 2 requiert l'inscription d'une hypothèque de 2,000 francs sur le champ C et la maison M ; le 4 janvier 1896, un créancier n° 3 requiert l'inscription d'une hypothèque indéterminée sur le pré P, la vigne V et le jardin J ; enfin, le 5 janvier 1896, un créancier n° 4 requiert une inscription de 10,000 francs sur tous les biens de M. Gauthier qui a consenti sans plus préciser, par acte notarié, que son débiteur prenne inscription sur tous les champs, maisons, prés vignes et jardins qu'il peut posséder dans l'arrondissement de Chartres.

Pour le créancier n° 1, pas de difficulté. Le Conservateur mentionnera l'inscription au compte de M. Gauthier, vol. 25, n° 150 du registre des personnes et au compte ouvert au champ C, en supposant bien entendu 1° que ce champ C ait un compte déjà ouvert au répertoire foncier institué par l'article 38 et 2° qu'au vu du bordereau on ait pu trouver ce compte — ce qui est douteux.

Mais passons, sauf à revenir sur la question de l'organisation de la publicité réelle qui a été jusqu'ici la pierre d'achoppement des travaux de la Commission du cadastre.

Pour le créancier n° 2, la créance de 2,000 francs sera inscrite le 3 janvier 1896 et immédiatement mentionnée au compte de M. Gauthier (vol. 25, n° 150) et, aux mêmes conditions que ci-dessus, aux comptes du champ C et de la maison M.

Si, plus tard, on veut retrouver cette inscription, on y parviendra en se reportant indéfiniment à l'un de ces trois comptes.

Mais pour la créance n° 3, le Conservateur se trouvera en présence d'une situation que la loi ne prévoit qu'incomplètement.

IV

L'article 17 du projet ministériel porte que l'inscription *ne peut être prise que pour une somme fixe et sur des immeubles désignés*, mais il ne dit pas ce que le conservateur devra faire si l'inscription ne remplit pas ces deux conditions.

Parlons, d'abord, de la détermination de la somme.

Dans l'état actuel de la législation et de la jurisprudence, certains auteurs et certains tribunaux admettent que, contrairement à l'art. 2148 n° 8 du Code civil, l'inscription n'est pas nulle si l'évaluation de la créance ne peut être faite : tel est le cas d'un mandataire condamné à rendre compte. (Sirey, *Code civil annoté*, 2148, n° 92 à 94 bis.)

L'article 2148 actuel porte que les bordereaux contiennent... *4° le montant du capital des créances exprimées dans le titre ou évaluées par l'inscrivant, pour les ventes ou prestations, ou pour les droits éventuels, conditionnels ou déterminés, dans les cas où cette évaluation est ordonnée.*

« En principe. dit M. Paul Pont, il faut que l'ins-
« cription fasse connaitre aux tiers le montant des
« créances garanties par les hypothèques qui grèvent
« les immeubles, parce que c'est par là, principale-
« ment, que la situation hypothécaire du propriétaire
« est mise à jour et que les tiers qui voudraient traiter
« avec lui apprennent dans quelle mesure, ils peuvent
faire fonds sur son crédit immobilier. » (*T. II n° 988
p. 927.*)

Le projet ministériel s'explique en termes plus énergiques que l'article 2148-4° du Code civil, puisqu'il déclare dans son article 17, que l'inscription *ne peut être prise que pour une somme fixe.*

Il semblerait donc que le Conservateur devra refuser d'inscrire la créance n° 3 requise pour une somme indéterminée sur le pré P, la vigne V et le jardin J. Si, telle était l'intention du projet, il serait bon de le préciser car, dans l'état de la législation, le conservateur est un agent passif dont le rôle, en matière d'inscription, se réduit à reproduire fidèlement, sous sa responsabilité personnelle, et à transcrire sur son registre, les énonciations mêmes du bordereau, sans qu'il ait à se préoccuper jamais de la question de savoir si ces énonciations satisfont ou non aux prescriptions de la loi. (Paul Pont, *T. 2. n° 1007 p. 942.*)

D'autre part, le Conservateur a actuellement le droit de refuser d'inscrire l'hypothèque si le créancier ne représente pas le titre. (*ibid* n° 940.) S. 72-2-81. D. 72-3-8. P. 72-362.

On peut donc prévoir que si l'article 17 est voté tel qu'il a été proposé, certains conservateurs pourront se croire autorisés à refuser de prendre les inscriptions requises pour des sommes indéterminées. Il serait donc à désirer que le Parlement ne laissât pas à la jurisprudence le soin de trancher la question.

VI

Mais, c'est surtout l'obligation de « *désigner les immeubles* » qui peut donner lieu à des difficultés,

Nous avons vu que le projet (art. 38) comporte la création d'un répertoire par immeuble.

Aux termes de l'article 18 de la loi du 21 ventôse an VII, les conservateurs des hypothèques sont astreints à tenir « un registre, sur papier libre, dans « lequel sont portés par extrait, au fur et à mesure des « actes, sous le nom de chaque grevé, et à la case qui « lui sera destinée, les inscriptions à sa charge, les « transcriptions, les radiations et les autres actes qui « le concernent, ainsi que l'indication des registres où « chacun de ces actes sera porté, et les numéros sous « lesquels ils y seront consignés. »

L'article 38 du projet de M. Darlan dispose que cet article sera complété comme il suit :

« *Un répertoire dans la même forme sera tenu par im-* « *meubles portés sur les registres de la Conservation.* »

Ces 17 mots, qui sont évidemment passés inaperçus pour le public, peuvent être le point de départ d'une véritable révolution foncière.

C'est, en effet, le premier essai, sous forme de projet de loi, de l'organisation de la publicité réelle que la commission du cadastre a inutilement essayé de résoudre d'une manière pratique.

La désignation d'une personne est, en principe, toujours possible de manière à ne pouvoir jamais confondre cette personne avec une autre.

Mais il faut cependant énoncer son nom, ses prénoms, sa profession, son domicile, sa date et son lieu de naissance.

Or, les tables actuelles des conservations des hypothèques ne contiennent que les noms, souvent mal orthographiés par la faute des intéressés qui ne les écrivent pas toujours de la même façon ; les prénoms qui ne sont que rarement inscrits toujours dans le même ordre et dont l'énumération contient souvent des lacunes ; les professions qui changent, et les domiciles qui ne sont pas moins variables.

Il en résulte, dans la pratique, des difficultés considérables. Plusieurs personnes ont un seul compte parce que leurs désignations se ressemblent, tandis que, souvent, la même personne a plusieurs comptes.

C'est ainsi que dans une commune (Floyon), il y a eu, à un moment donné cinq particuliers différents nommés Dubois, savoir :

1° Jean-Louis Dubois, meunier ;
2° Louis-Joseph Dubois, meunier ;
3° Denis-Joseph Dubois, meunier ;
4° Louis Dubois, garde-moulin ;
5° Joseph Dubois, sans profession.

Remarquez que ce dernier pouvait parfaitement, après avoir été sans profession, avoir eu plus tard celle de meunier, que Louis Dubois, après ou avant d'être garde-moulin, pouvait avoir été meunier, que Denis-Joseph Dubois pouvait très bien, dans certains actes, n'avoir été désigné que par le prénom de Joseph et être le même que le n° 5 ; que les n° 1 et 2 pouvaient, dans certains actes, avoir été prénommés seulement Louis, que le n° 1 pouvait être confondu avec le n° 4, le n° 2 avec les n° 3 et 5, que d'autres Dubois, dans l'arrondissement pouvaient avoir eu quelque temps leur domicile dans la commune de Floyon, et que, par contre, des Dubois de la commune de Floyon pouvaient avoir été domiciliés dans des communes où il y avait d'autres Dubois.

Cet exemple, que nous citons d'après un arrêt de la Cour de cassation du 25 juin 1821, montre au milieu de quelles difficultés se débattent les conservateurs des hypothèques, qui hésitent entre le danger d'omettre une inscription dans un état et l'inconvénient très sérieux de comprendre dans les états des inscriptions qui ne frappent pas l'immeuble qui leur a été désigné dans la réquisition.

Grâce à des explications amiables, la plupart des difficultés se règlent entre officiers ministériels et conservateurs, mais il n'est pas toujours facile d'éviter des procès.

C'est ainsi que la chambre des requêtes de la Cour de cassation vient d'admettre, le 27 janvier dernier, le pourvoi d'un conservateur qui avait été rendu responsable par la Cour de Pau de l'omission sur un état d'une inscription frappant un nommé *Jean-Médus Carme*, alors qu'il avait été requis seulement de délivrer les inscriptions grevant *Jean-Baptiste-Médus*.

Il paraît que le grevé était quelquefois désigné sous le seul prénom de *Jean* et que le sobriquet de *Carme* était spécial à sa famille.

Mais comment le conservateur pouvait-il le savoir ?

Les incertitudes de la jurisprudence sur cette question de la désignation des personnes, rend profondément désirable qu'une loi intervienne pour faire compléter les tables et les formalités hypothécaires par l'indication de la date et du lieu de naissance de chaque propriétaire.

Mais c'est surtout la désignation des immeubles, formellement exigée par l'article 17 du projet, qui pourra donner lieu à des difficultés dont il importe, dès maintenant, de se préoccuper.

VII

Aux termes de l'article 2120 C. civ., il n'y a d'hypothèque conventionnelle valable que celle qui déclare spécialement la nature et la situation des immeubles sur lesquels l'hypothèque est consentie. La désignation spéciale des biens est également exigée pour l'inscription par l'article 2148-5.

L'article 17 du projet ministériel va plus loin en décidant que *toute* hypothèque soit légale, soit conventionnelle, doit être inscrite et ne peut *être prise que sur des immeubles désignés*. Comme d'autre part, l'article 20 supprime l'hypothèque judiciaire et que l'article 38 crée un répertoire foncier où chaque immeuble aura un compte ouvert, on voit que le nouveau régime hypothécaire aura une double base.

Quand on voudra connaître les droits réels ou les titres de propriété concernant un immeuble, on pourra indifféremment les rechercher au compte de la personne, institué par l'article 18 de la loi du 21 ventôse an VII, ou au compte de l'immeuble créé par l'article 38 du projet.

Mais quel est l'immeuble qui fera l'objet du compte et comment préviendra-t-on les confusions entre les immeubles ?

Nous avons vu que les confusions se produisaient inévitablement entre les personnes, bien que chaque personne eût une individualité parfaitement distincte de celle de toute autre personne.

Il n'existe certainement pas en France deux personnes du même sexe, ayant les mêmes noms, prénoms, profession, domicile, nées le même jour, dans le même lieu. Si, donc, les documents hypothécaires contenaient ces divers renseignements, il serait mathématiquement impossible de confondre jamais un propriétaire avec un autre.

Mais on ne voit pas trop, au premier abord, comment arriver à ne pas confondre deux immeubles de manière à ce que le Conservateur des hypothèques ne prenne jamais l'un pour l'autre.

La Commission du cadastre, instituée par M. Rouvier en 1891, y a perdu son latin et n'a abouti qu'à constater son impossibilité de trouver une solution pratique et immédiatement réalisable.

La preuve de cet insuccès résulte suffisamment de ce fait que le Ministère de la Justice qui était représenté dans le sein de cette Commission par d'éminents magistrats ou jurisconsultes, MM. Loubet, Boulanger, Dauphin, Millaud, sénateurs ; Chante-Grellet; Marqués di Braga, Mayniel, conseillers d'Etat ; Falcimaigne, Faye, conseillers à la Cour de cassation ; MM. les professeurs Bufnoir, Drumel, Worms, Massigli et Léon Michel ; M. Bonjean, juge, et Challamel, avocat, a dû renoncer à proposer la création d'un livre foncier. La commission avait, en effet, proclamé que le livre foncier ne pouvait être établi que quand le cadastre aurait été refait et le Gouvernement a jugé, avec raison, que la réforme hypothécaire devait être faite sans attendre la fin de cette opération qui, vraisemblablement, ne serait pas finie avant 30 ou 40 ans et qui, probablement, devrait être recommencée dès qu'elle aurait été terminée.

« En Prusse, disait un membre de cette commis-
« sion (1), il y a un livre foncier ; tous les immeubles y
« sont inscrits, mais non pas de la même façon. Lors-
« qu'il s'agit de terres qui appartiennent à la grande
« ou même à la moyenne propriété, chaque unité im-
« mobilière a son feuillet particulier ; quand la pro-
« priété est au contraire très morcelée, on inscrit *sous*
« *le nom du propriétaire* les diverses parcelles qui lui
« appartiennent. Les deux feuillets — feuillets réels et
« feuillets personnels — sont donc employés simulta-
« nément ; ils vivent côte à côte dans la même législa-
« tion. Entre les uns et les autres, d'ailleurs, il n'y a

____

(1) Discours de M. Challamel à la séance de la sous-commission juridique du cadastre du 5 novembre 1891.

« qu'une *différence de forme* ; les *mêmes* principes leur
« sont applicables et par conséquent *l'unité du livre*
« *foncier n'est pas rompue.* »

VIII

Le jour où le répertoire foncier sera créé en France
et où le répertoire personnel contiendra les renseignements sur l'état civil des personnes indispensables pour
ne pas confondre un propriétaire avec un autre, on
commencera à voir clair dans la propriété foncière.

Au fur et à mesure qu'un immeuble changera de
mains, son compte en sera annoté, ainsi du reste que le
compte du nouveau et de l'ancien propriétaire. Un coup
d'œil sur ce compte permettra de constater toutes les
charges dont il est grevé et l'exposé de cette situation
nouvelle nous ramène au vœu véritablement étrange
émis par le *Congrès de la propriété bâtie* à l'encontre
du projet de réforme hypothécaire présenté au Sénat
par M. Darlan, Ministre de la Justice.

En affaires, la première question qui se pose est
celle-ci : *quel intérêt un tel a-t-il à ce que telle solution
soit adoptée plutôt que telle autre?*

Quand on voit des propriétaires se réunir pour discuter leurs intérêts, — ce qui est d'ailleurs la chose la
plus légitime du monde, — on est, naturellement,
amené à se dire que s'ils s'opposent à une mesure, c'est
que cette mesure leur est préjudiciable. Donc, en cons-
tatant que le *Congrès de la propriété bâtie* avait émis
l'avis que le projet ne devait pas être adopté, la première idée qui devait traverser l'esprit, c'est que ce projet devait leur causer un grave préjudice.

Or, il est certain que les propriétaires congressistes
ont été induits en erreur sur le but poursuivi par le
Gouvernement.

Le premier motif qu'ils donnent de leur opposition
est ainsi conçu :

« Considérant que les modifications proposées consis-
« tent principalement à soumettre à la formalité de la

« transcription les actes déclaratifs (jugements d'adju-
« dication entre colicitants et actes de partage) et aussi
« les simples mutations par décès.

« Que cette sorte d'*investiture* imposée par l'Etat serait
« contraire au droit de propriété et aux principes con-
« sacrés par les articles 724 et 883 du Code civil ;

« Que les intérêts qu'on veut protéger, à savoir ceux
« des prêteurs d'argent et des acquéreurs, sont, en l'état
« actuel, sauvegardés d'une manière certaine puisqu'il
« suffit aux prêteurs et acquéreurs de se faire repré-
« senter les titres de propriété et les pièces justifica-
« tives de ceux avec lesquels ils contractent. »

En lisant ce raisonnement, on se demande vraiment
pourquoi le *Congrès de la propriété bâtie* n'a pas proposé purement et simplement la suppression de la formalité de la transcription pour les actes qui y sont actuellement soumis.

Sous l'empire du Code civil, la propriété se transmet
par la volonté librement échangée du vendeur et de
l'acquéreur, mais pour que les tiers s'abstiennent à l'a-
venir de traiter avec l'ancien propriétaire et pour qu'ils
sachent qu'ils peuvent contracter avec le nouveau, il
faut que la convention soit rendue publique.

De là, la nécessité de la transcription. Que cette
transcription soit littérale ou ait lieu par extraits, c'est
un détail de peu d'importance ; mais personne, jusqu'ici, n'avait contesté l'utilité de la transcription et
n'y avait vu une *sorte d'investiture* de l'Etat.

Il y aurait investiture si, comme l'a proposé sans
succès la Commission du cadastre, l'Etat ne rendait la
mutation publique qu'après avoir vérifié la consistance
de l'objet vendu et le droit du vendeur, mais telle n'est
pas la portée du projet de M. Darlan.

IX

Ce projet se borne simplement à proclamer l'utilité
et la nécessité de rendre publiques toutes les mutations
immobilières, quelles qu'elles soient.

Il faut y mettre de la bonne volonté pour voir dans cette disposition, qui est une sorte de mesure de police, une atteinte aux droits de propriété et une violation des articles 724 et 883 du Code civil, qui n'ont rien à voir dans l'affaire.

Oui ou non, le public a t-il intérêt à connaître à qui appartient une propriété ? et chaque propriétaire lui-même n'a-t-il pas intérêt à être sûr de son titre ?

Evidemment si.

Et cependant, comment saura-t-on à qui appartient un immeuble si, à chaque mutation, le nouveau propriétaire ne se fait pas connaître ? Si la publicité est supprimée, personne ne sera certain de traiter avec le véritable propriétaire.

Le Congrès répond que les prêteurs d'argent et les acquéreurs n'ont qu'à *se faire représenter les titres de propriété et les pièces justificatives des qualités de ceux avec lesquels ils contractent.*

Mais si ces titres ne sont pas rendus publics, il n'y a aucune garantie que ces titres soient encore valables.

« C'est à bon droit, dit un auteur (1) que l'on repro-
« che à la loi française de tolérer un système mixte qui
« soumet à la transcription les mutations entre vifs et
« laisse de côté les transmissions qui s'opèrent par dé-
« cès. Sans doute, la publicité n'ajoute rien aux droits de
« l'héritier, de même qu'elle n'ajoute rien aux obliga-
« tions respectives du vendeur et de l'acquéreur; mais
« il importe aux tiers de savoir en quelles mains le dé-
« cès fait passer la propriété, si le nouveau titulaire a
« un droit exclusif à l'hérédité ou s'il le partage avec
« d'autres. La même observation s'appliquerait aux ef-
« fets de la prescription acquisitive ».

Il serait oiseux d'insister et d'invoquer le témoignage des avoués qui ont à préparer les cahiers des charges des immeubles saisis. Il est rare qu'en pareil cas le saisi se prête à communiquer ses titres. Il serait ce-

---

(1) De France de Tersant, *Une conservation d'hypothèques sous le régime du livre foncier,* p. 6.

pendant fort utile de pouvoir énoncer avec certitude, dans le cahier des charges, l'origine de propriété des biens exposés aux enchères.

Mais, quand on cherche ces origines au registre des transcriptions, on perd, à chaque instant, le fil des mutations successives. Et ce ne sont pas seulement les mutations par décès et les actes déclaratifs qui manquent sur ces registres, ce sont, trop souvent, les actes translatifs entre vifs, soumis cependant à la publicité par la loi du 23 mars 1855 et qui ne sont pas transcrits.

Quand le vendeur est payé, il se désintéresse de la transcription. L'acquéreur a, généralement, confiance en son vendeur et il s'abstient assez souvent de faire transcrire, malgré le danger qu'il court. Aussi serions-nous d'avis de soumettre à la transcription d'office toutes les mutations, au fur et à mesure qu'elles sont présentées à l'enregistrement, ou plutôt de fondre les deux formalités en une seule, donnant lieu au paiement d'une taxe unique proportionnelle à l'importance de chaque mutation et qui comprendrait les droits de timbre de la minute, de l'expédition, des registres du conservateur, les droits actuels d'enregistrement et de transcription, les salaires du Conservateur et le port des pièces du bureau de l'enregistrement à la Conservation des hypothèques (1).

Nous reviendrons sur ce sujet qui nous écarterait de l'examen des critiques du *Congrès de la propriété bâtie*, et nous nous bornerons à faire remarquer que la fusion des taxes et la simplification des formalités feraient disparaître le principal et juste reproche adressé par le Congrès au projet ministériel.

Il est certain que l'obligation de soumettre à la transcription un grand nombre de mutations qui n'y étaient

______

(1) Voir dans la *Revue politique et parlementaire* (tome III, page 112) l'étude consacrée à cette question par M. Salefranque, sous le titre *Mutations et dégrèvements*, et dans laquelle notre confrère présente des conclusions identiques.

pas assujetties précédemment sera pour la propriété
une charge nouvelle qu'il serait utile de compenser par
une réforme fiscale complète et une simplification
sérieuse des écritures.

X

La réforme fiscale serait facile à accomplir en votant
une taxe unique, mathématiquement proportionnelle à
la valeur de chaque immeuble La simplification des
écritures présenterait des difficultés différentes, mais
qui ne seraient peut-être pas insolubles si on faisait du
Receveur de l'Enregistrement le correpondant et le
collaborateur du Conservateur des hypothèques.

Quoiqu'il en soit, l'intention du Gouvernement n'a
jamais été de prélever à l'occasion de la réforme hypothécaire un nouvel impôt de 3 0‚0 sur les successions
immobilières, comme le pense le *Congrès de la propriété
bâtie.*

Aux termes de l'article 54 de la loi du 28 avril 1816,
« dans tous les cas où les *actes* sont de nature à être
« transcrits au bureau des hypothèques, le droit est
« augmenté d'un et demi pour cent et la transcription
« ne donne lieu à aucun droit proportionnel ».

Le *Congrès de la propriété bâtie,* qui a lu sans doute
cet article un peu rapidement, pense que la transcription des mutations par décès immobilières donnerait
lieu à la perception de cette taxe qui, avec les décimes,
s'élèverait en effet à 1.87 1/2 0/0 pour une transmission par décès et à 3.75 0/0 à la suite du partage ou de
la licitation intervenus ultérieurement entre les héritiers ou légataires.

Mais, outre que l'article 54 de la loi du 28 avril ne
peut, en principe, s'appliquer qu'à des *actes* et non à des
déclarations, il n'est pas douteux que le projet de
réforme préparé par le Ministre de la Justice n'a nul-
lement eu en vue de créer de nouvelles taxes, même
par voie indirecte. Ce mode de procéder eût été
contraire aux dispositions de l'article 8 de la loi du

24 février 1875, relative à l'organisation du Sénat. Aussi est-ce un projet, déposé sur le bureau de la Chambre le 5 avril dernier par le Ministre des Finances, et sur lequel nous aurons l'occasion de revenir, qui a pour objet de mettre en harmonie la législation fiscale et la législation civile. Or, aux termes de l'article 6 de ce projet, l'article 54 de la loi de 1816 ne doit être applicable, ni aux actes et jugements qui étaient visés par l'article 12 de la loi du 23 mars 1855, ni à ceux qui n'étaient pas soumis à la transcription avant la loi à intervenir. De plus, les transcriptions de déclarations de mutations par décès seraient affranchies de toute taxe proportionnelle.

Les craintes exprimées par le *Congrès de la propriété bâtie* n'ont donc, sur ce point encore, aucun fondement. C'est là une crainte chimérique qui ne peut s'expliquer que par un malentendu.

XI

Le *Congrès* trouve exorbitant que le projet du Ministre de la Justice supprime les privilèges généraux sur les immeubles et qu'il oblige les vendeurs à faire connaître que le prix de la vente n'est pas payé.

Il trouve dangereuse la suppression des hypothèques légales occultes et blâme la suppression des hypothèques judiciaires.

Que l'on admette ou que l'on supprime l'hypothèque judiciaire, la question importe assez peu à l'organisation de la propriété. Il y a à peu près autant de raisons qui militent en faveur de son maintien qu'il y en a contre. Comme cette hypothèque est inscrite, les tiers qui traitent avec un propriétaire la connaissent toujours. Le conflit ou la lésion ne peuvent exister qu'entre créanciers plus ou moins vigilants ou plus ou moins heureux dans la précipitation de leur poursuite.

. Peut-être, en appliquant à la déconfiture civile les règles édictées par l'article 446 du Code de commerce, trouverait-on un terrain de conciliation sur lequel pourraient s'entendre les partisans et les adversaires de l'hypothèque judiciaire.

Mais il ne paraît pas y avoir de transaction possible entre les partisans et les adversaires de la publicité des hypothèques et des causes de résolution occultes.

La base de tout régime hypothécaire est la publicité, et la règle générale, absolue, sans exception, ni restriction, devrait être qu'aucune incapacité ne peut préjudicier à un tiers si elle n'est inscrite au compte de la personne, et qu'aucun droit réel n'est opposable à un tiers si le répertoire foncier ne le révèle pas.

Le jour où cette règle sera rigoureusement appliquée, le crédit immobilier en France sera fondé.

Tel est l'avis d'un distingué professeur qui dans la *Revue critique* (1897, p. 229) vient d'apprécier dans les termes suivants le projet dont nous nous occupons:

« Les principes généraux qui en inspirent les dispo-
« sitions, dit M. de Loynes, auront l'approbation de
« tous ceux que préoccupe la grave question du cré-
« dit immobilier. Le projet tend, en effet, à généra-
« liser la règle de la publicité, à faire des registres des
« conservateurs des hypothèques de véritables registres
« de l'état juridique des immeubles. Cette réforme opérée,
« il sera facile de dresser la liste exacte et complète des
« propriétaires successifs d'un immeuble et de con-
« naître les différents droits réels qui démembrent ou
« affectent le bien; pour atteindre ce but, le projet
« pose même le principe de la publicité réelle, en
« ordonnant de tenir un *répertoire par immeuble* porté
« sur le registre de la conservation. C'est, il nous
« semble, l'amorce du feuillet réel qui, inséré dans le
« registre foncier, substitue la publicité par immeuble
« à la publicité par nom de propriétaire. *Mais le projet*
« *ne renferme aucune disposition pour parvenir à*
« *l'individualisation des immeubles, et nous demandons*
« *comment les conservateurs des hypothèques pourront*
« *établir avec certitude et exactitude ce répertoire par*
« *immeuble.* La Commission extra-parlementaire du
« cadastre a considéré que, dans l'état actuel des cho-

« ses, la publicité par registre foncier et par feuillet réel
« n'était pas immédiatement réalisable ; elle a pensé
« que la première condition à remplir était la réfec-
« tion du cadastre pour le mettre en harmonie avec la
« réalité. Nous serions portés à partager cette appré-
« ciation ; nous serions d'avis que ce *répertoire par
« immeuble* ne jettera pas sur la situation juridique
« des biens la clarté qui est la base d'un bon régime
« foncier. »

XII

Comme on le voit, le nœud de la question est de savoir comment on arrivera à *individualiser* chaque immeuble.

Si nous ne nous trompons, la solution du problème est bien simple, et il est facile de s'en assurer. Pour cela, il n'y a qu'à prendre un registre en blanc, le tenir à page ouverte, dans la page de gauche, former deux colonnes d'égale largeur et, dans la première, y désigner chaque immeuble *comme les parties l'ont désigné dans leurs actes ou déclarations;* dans la seconde colonne, inscrire les propriétaires successifs et le titre en vertu desquels ils possèdent.

Il n'en faut pas plus pour créer un registre foncier et organiser la publicité réelle.

Si, dans la page en blanc qui se trouve à droite, on indique dans quatre colonnes et au fur et à mesure qu'on les connaîtra :

1° Le revenu de l'immeuble ;

2° Sa valeur ;

3° Son *passif*, c'est-à-dire les prix de vente dus en tout ou en partie, les hypothèques, etc;

4° Son *actif*, les quittances de prix de vente, les radiations d'inscription, etc.,

On aura tous les éléments nécessaires pour connaître le propriétaire et les droits réels de n'importe quelle propriété.

Et pour cela, point n'est besoin de se creuser la tête pour savoir comment désigner un immeuble.

Il n'y a qu'à désigner chaque propriété comme les parties l'ont fait. On n'aura jamais deux propriétés désignées de la même façon, si on reproduit cette désignation et si on la complète de l'indication du nouveau et de l'ancien propriétaire.

Pour avoir la preuve de ce que nous avançons on n'a qu'à ouvrir un journal et à se reporter aux annonces.

C'est ainsi que nous trouvons dans un journal de Toulouse deux annonces ainsi conçues :

Etude de M° Georges BAU-DRU, avoué à Toulouse, rue du Taur, 41, et rue des Pénitents-Gris, 14.

A VENDRE

A SUITE DE SAISIE IMMOBILIÈRE

Au tribunal civil de Toulouse
*Le jeudi 15 juillet 1897,
à midi précis,*

DIVERS IMMEUBLES

Situés dans la commune de Castelginest, savoir :

PREMIER LOT. — Une maison d'habitation et ses dépendances avec jardin anglais, potager, fruitier et parc, d'une contenance approximative de quarante-six ares vingt-quatre centiares.

Mise à prix : 500 fr.

DEUXIÈME LOT. — Deux parcelles de terre labourable d'une contenance approximative de quarante-six ares soixante-quatorze centiares.

Mise à prix : 100 fr.

Pour extrait :
G. BAUDRU, *avoué*, *signé*.

Etude de M° POLIER, avoué, sise à Toulouse, rue des Chapeliers, 14.

A VENDRE

AUX ENCHÈRES PUBLIQUES A SUITE DE SAISIE IMMOBILIÈRE ET DE SURENCHÈRE.

*Le jeudi 15 juillet 1897,
à midi précis,*
Au tribunal civil de Toulouse

LE DOMAINE DE L'ENSEIGURE

Situé dans les communes d'Aussonne et de Beauzelle, arrondissement de Toulouse, composé de bâtiments de maître et bâtiments d'exploitation, terres labourables, jardins, prés, bois, vignes et pâtures cultes et incultes, d'une contenance d'environ 47 hectares 3 ares 69 centiares.

Mise à prix :
74.670 fr.

Pour extrait :
Louis POLIER, *avoué*, *signé*.

Supposons que nous inscrivions les 3 lots ainsi exposés aux enchères sur la page en blanc d'un livre, et qu'à côté, nous écrivions la désignation de l'ancien et du nouveau propriétaire, le jour de l'adjudication et le prix, les trois lots en question seront suffisamment déterminés pour que jamais on ne puisse les confondre avec d'autres.

Ces trois lots sont, d'ailleurs, certainement plus amplement désignés dans le cahier des charges.

XII

D'une manière générale, tout acte d'aliénation et toute déclaration de mutation contiennent tous les renseignements nécessaires pour déterminer une propriété. Les nouveaux et anciens propriétaires y sont les premiers intéressés et on peut s'en rapporter à eux du soin de faire cette désignation.

Le vendeur a intérêt à ne faire comprendre dans la vente que ce qu'il abandonne afin de limiter sa garantie, et l'acheteur a l'intérêt contraire d'y faire comprendre tout ce qui fait l'objet de l'acquisition.

L'accord des parties sur cette désignation est précieux à constater, et l'agent de la publicité hypothécaire doit le recueillir avec soin, en se gardant de le modifier et de l'altérer, sous le prétexte de mieux faire que les parties.

On ne pourrait, d'ailleurs, poser de règle absolue pour faire cette désignation, qui doit, nécessairement, varier avec les circonstances.

Quand le cadastre est récent et qu'un géomètre a constaté l'état matériel des lieux, a donné un numéro et assigné une contenance à un immeuble, il suffit de rappeler ce numéro pour déterminer l'immeuble. Mais ce numéro ne suffira, dans aucun cas, à suppléer à l'indication de l'état des lieux, *au moment d'une transmission*.

Dans la vie d'une personne il se produit des transformations successives qui modifient cette personne. Les

immeubles ont, eux aussi, une sorte de vie : un terrain
vague devient un champ, puis une vigne, puis un pré,
des constructions s'élèvent, disparaissent, sont réédi-
fiées. Pour suivre ces transformations, un cadastre ne
suffit pas, car rien n'oblige les parties à suivre dans
leurs conventions, partages, ventes, échanges, etc., la
division arbitraire qu'un géomètre a pu faire à un moment donné.

XIII

Aussi, le mieux paraît-il être de prendre pour point
de départ de la comptabilité immobilière, la désignation
de la propriété par les parties, en s'aidant du nom de
ces parties elles-mêmes pour ne pas confondre un immeuble avec un autre.

C'est ce que font les Allemands avec leur *Grundbuch*
ou registre foncier. Tout immeuble est considéré comme
une entité juridique, indépendante de la personnalité
du propriétaire. Chaque fonds a un compte ouvert, en
marge duquel on mentionne les droits réels.

Cette idée est poussée si loin que le fonds est censé
le débiteur de certaines dettes. *La dette foncière* alle-
mande est indépendante de toute créance. Elle est la
forme par excellence du crédit réel pur. Aussi l'a-t on
surnommée : *L'hypothèque abstraite* (1).

L'article 890 du nouveau code, qui sera appliqué à
partir du 1er janvier 1900, est ainsi conçu :

« Plusieurs fonds sont réunis en un seul lorsque le
« propriétaire les fait inscrire au registre foncier comme
« un seul fonds. »

« Un fonds devient partie d'un autre fonds lorsque
« le propriétaire le fait ajouter à ce dernier dans le
« registre foncier. »

Voilà ce que l'Allemagne va appliquer, sur tout son
territoire, dans 2 ans 1/2 — ce qu'elle applique même

______

(1) De Meulenaere, *Code civil allemand*, promulgué le 18 août
1896, p. 298.

déjà dans certains pays, — et cette mesure très
simple n'est subordonnée à la réfection préalable
d'aucun cadastre. Les conséquences pratiques qu'elle
en tire sont ainsi déterminées par l'article 891 du nouveau Code :

« Lorsqu'un droit a été inscrit en faveur de quelqu'un
« au registre foncier, on présume que ce droit lui
« appartient. Lorsqu'un droit inscrit est rayé l'on
« présume que ce droit n'existe pas. »

Voilà qui est clair et peut se traduire ainsi :

*Chaque immeuble a un compte. Le propriétaire est le
maître du compte. Il l'ouvre, le double et le dédouble.
Les créanciers ou acquéreurs sont les maîtres des inscriptions qui protègent leurs droits. Ils n'ont de droits qu'autant qu'ils ont des inscriptions et quand ils veulent faire
mentionner un droit, c'est à eux de désigner le compte
en marge duquel doit être faite l'inscription.*

Le créancier ou l'acquéreur peut donc être assimilé
à une personne qui, dans un magasin, désigne l'objet
qui lui convient et qui est sûre en y entrant d'y trouver la marchandise qu'elle cherche.

L'Administration du registre foncier a, en effet, saisi
dans son engrenage tous les immeubles d'une circons-
cription, et chaque personne ayant un droit à faire
inscrire est assurée d'y trouver le compte qu'elle cherche, absolument comme on est sûr de trouver à la
Caisse d'épargne le compte de n'importe quel déposant.

XIV

Nous venons de voir ce qu'est le livre allemand, au
point de vue de la clarté, — laissant en dehors, comme
sortant du sujet, la question de la *force probante*.
Voyons ce que sont les registres français. L'immeuble
n'a aucun compte. La personne seule en a un. Les
actes transcrits y sont portés à la queue-leu leu : par
exemple, la vente d'une maison à Versailles, suivie de
la donation d'un jardin à Argenteuil, suivie elle-même

de l'échange d'une auberge à Palaiseau contre un moulin à Poissy ; puis viendra l'expropriation d'un bois à Sèvres.

« Aujourd'hui, disait M. Challamel, dans le discours
« que nous avons cité (V. § VII), dans nos registres
« hypothécaires les documents sont disséminés de
« toutes parts. A la suite d'une hypothèque consentie
« par Bernard sur sa propriété de la rue Richelieu, on
« inscrit une subrogation de privilège concernant un
« immeuble possédé par Jean-Pierre, avenue de l'O-
« péra. Puis, viennent d'autres inscriptions relatives à
« d'autres immeubles, dans les quartiers ou dans les
« arrondissements voisins. Tous ces actes chevauchent
« les uns sur les autres et forment *un véritable chaos.* »

C'est pour mettre de l'ordre dans ce chaos que l'orateur proposait, avec le Ministre des Finances, de créer un livre foncier qui aurait pour premier avantage « de
« réunir comme autour d'un *pivot central* tout ce qui
« se rapporte à une même personne ou à un même
« objet ».

L'idée était aussi simple que juste et peut être présentée sous la forme d'un *clou* à planter pour chaque personne et pour chaque immeuble et auquel on accrocherait tous les renseignements les concernant.

C'était là l'idée juste. L'idée moins juste a été d'admettre, et d'admettre en quelque sorte sans discussion, comme un axiome, que le compte de l'immeuble ne pouvait être ouvert que quand on en aurait levé le plan. Cette idée a été ainsi formulée par M. Rouvier dans le rapport du 29 mai 1891 au Président de la République, qui a précédé l'institution de la commission du cadastre :

« La propriété doit être déterminée, *d'abord* physiquement, *puis* juridiquement. »

C'était résoudre la question avant de la poser ; car s'il n'était pas douteux que, pour créer un livre foncier, il fallait trouver le moyen de déterminer un immeuble, c'est-à-dire de ne pas le confondre avec un autre, il valait la peine de discuter si la détermination physique devait précéder ou suivre la détermination juridique.

Suivant le parti auquel on s'arrêterait, il fallait avouer que la réforme hypothécaire, telle que la commission du cadastre avait la mission impérative de l'accomplir, ne pouvait avoir lieu que quand le cadastre serait refait, car, disait le rapport du Ministre des Finances, « la détermination physique résultera de la « reconnaissance des limites de l'immeuble, de sa con- « tenance et de son rattachement *exact* à un plan « d'ensemble », — tandis que « la détermination juri- « dique doit faire connaitre les droits qui existent sur « l'immeuble, principalement le droit de propriété. »

XV

Nous avouons ne pas comprendre qu'il faille connaitre le plan, la contenance et les limites d'une propriété avant de savoir à qui elle appartient et quelles sont les hypothèques qui la grèvent. Tous les jours, les tribunaux et les notaires, et ceux-ci sous une responsabilité pécuniaire parfois rigoureuse, tranchent ces questions sans connaitre les propriétés, au vu seulement des titres.

Autant dire qu'un banquier n'ouvrira de compte à un commerçant qu'au vu de sa photographie, ou qu'on ne portera un jugement sur un homme que quand on en saura le poids et la taille.

Il y avait cependant un moyen de trancher la question et d'être fixé. La commission du cadastre a fait de nombreuses expériences, d'ailleurs intéressantes ; elle s'est donné beaucoup de mal, mais elle a suivi sans discussion la consigne de chercher à déterminer la propriété *d'abord* physiquement, *puis* juridiquement.

C'était cependant bien simple de faire l'expérience suivante :

1° Prendre deux communes A et B, envoyer des géomètres dans la commune A et des agents des hypothèques dans la commune B.

2° Faire, *d'abord*, dans la commune A la détermination *physique* et, dans la commune B, la détermination *juridique*.

On aurait eu ainsi, pour la commune A, un plan tout neuf accompagné d'une matrice cadastrale, et pour la commune B, un livre ou répertoire foncier qui aurait valu ce qu'il aurait valu.

On n'aurait eu d'ailleurs, pour chaque commune, qu'un travail incomplet. Il aurait fallu, pour la commune A, trouver les titres des propriétés connues *physiquement*, et, pour la commune B, aller chercher sur le terrain les propriétés dont on aurait eu les titres en mains.

Eh bien, sans être sorcier, il est facile de comprendre que si l'expérience avait été faite de bonne foi, si on avait fait aider les géomètres par des agents des hypothèques dans la commune B et, inversement, si dans la commune A on avait chargé des agents des hypothèques de chercher les titres des propriétés nouvellement cadastrées, l'expérience aurait réussi dans la commune B et aurait piteusement échoué dans la commune A.

Ceci n'est pas discutable

Allez dans la campagne, levez le plan d'une propriété d'après son aspect physique, cherchez ensuite le propriétaire. Il y a des chances si, avant de lever le plan vous n'avez pas eu les titres, pour que vous n'ayez compris dans votre plan qu'une partie de l'immeuble porté au titre et que, par contre, le plan comprenne des parcelles ayant diverses origines et appartenant à plusieurs propriétaires.

Il est très rare, au contraire, quand on a en mains le titre de transmission d'un immeuble, qu'on ne le trouve pas sur le terrain.

Par conséquent, il fallait commencer par faire le livre foncier avant de faire le cadastre, c'est-à-dire faire *d'abord*, contrairement à la marche tracée à la commission du cadastre, la détermination *juridique*, *puis* la détermination *physique*.

Il est, d'ailleurs, toujours temps de faire l'expérience

que nous proposons, et nous sommes convaincu que, si
on la fait, on sera tout étonné de constater que l'établis-
sement d'un livre foncier serait la chose la plus facile
du monde.

CONCLUSIONS

Nous offrons, d'ailleurs, de le prouver en faisant
cette expérience bien simple:

Qu'on nous désigne une commune quelconque. — Si
elle est trop étendue pour que l'expérience puisse être
terminée assez promptement, nous n'en prendrons
qu'une partie, une section, une banlieue ; nous choi-
sirons un quartier d'une ville ou une rue — et qu'on
nous autorise à faire des recherches dans les diverses
administrations Nous ferons alors le travail suivant que
n'importe quel employé de l'enregistrement et des hypothèques est capable de faire :

1° *Dresser, avec le concours du percepteur, la liste de
tous les propriétaires de la commune ou de la partie de
commune désignée.*

2° *Compléter, avec le concours des secrétaires des mai-
ries et des greffiers, la liste de ces propriétaires au moyen
de tous les renseignements que l'on pourra trouver sur les
registres de l'état civil. Au besoin, demander ces renseignements aux intéressés en leur faisant comprendre l'utilité qui en résultera pour eux, et en profiter pour leur
demander en vertu de quels titres ils possèdent chaque
immeuble.*

3° *Au vu de ces premières données, aller au bureau de
l'enregistrement et monter un répertoire ou livre foncier.*

Chaque receveur est outillé pour faire ce travail, car
l'organisation des bureaux permet :

I. De retrouver l'origine de n'importe quel immeuble.

II. De déterminer tous les immeubles qui dépendent
d'une succession, d'empêcher qu'aucun ne soit omis

dans les déclarations qui en sont faites et qu'aucune propriété passe d'une tête sur une autre sans que les droits de mutation, souvent très élevés, ne soient payés.

Cela fait, le livre foncier est créé et peut fonctionner. Il n'y a qu'à le remettre au conservateur des hypothèques, complété par une table alphabétique et un répertoire où on aura consigné les renseignements recueillis sur l'état civil des personnes ; le répertoire des personnes sera l'embryon du *casier civil* dont l'utilité n'est certainement plus à démontrer.

Avec un livre foncier ainsi organisé, nous défions qu'on nous montre deux immeubles susceptibles d'être confondus l'un avec l'autre. Il n'y a pas, dit-on, dans la nature, deux feuilles d'arbres qui se ressemblent absolument ; mais il y a encore bien moins deux immeubles que l'on puisse prendre l'un pour l'autre si la désignation, même très sommaire, faite au répertoire foncier relate les renseignements qui existent dans les archives des bureaux de l'enregistrement.

La preuve en est dans l'expérience que font tous les jours les contribuables qui tentent de se dérober au paiement des droits de mutation. Le Receveur de l'enregistrement n'a dans son bureau ni plan, ni matrice cadastrale. C'est un agent sédentaire qui ne peut guère connaître la valeur des propriétés que par les renseignements qu'il trouve dans ses archives. Il arrive cependant, sans sortir de chez lui, à suivre tous les mouvements de la propriété.

Le problème que M. de Loynes considère comme insoluble, de distinguer deux immeubles, est donc résolu dans la pratique. Dans une prochaine étude, nous examinerons le *fonctionnement du répertoire ou livre foncier* et nous verrons le parti qu'on en peut tirer pour spécialiser toutes les hypothèques, faire la purge de toutes les hypothèques occultes, faire courir la prescription au profit du propriétaire apparent, etc.

Mais, dès maintenant, nous signalerons le lien étroit qui existe entre la réforme fiscale et la réforme hypothécaire. Le répertoire foncier devrait être tenu en deux doubles pouvant, au besoin, se suppléer. Le répertoire fiscal, entre les mains du Receveur de l'enregistrement, et le répertoire hypothécaire entre les mains du Conservateur. Le premier, annoté de tous les renseignements sur la valeur des immeubles, servirait à asseoir l'impôt foncier et à surveiller les mutations; le second, contenant sous le même numéro la consignation de l'immeuble, serait annoté de la mention des hypothèques.

Les bordereaux dont le double est conservé au bureau des hypothèques (C. civ., 2148-2150), où ils font double emploi avec l'inscription, seraient envoyés au bureau de l'enregistrement — ce qui permettrait, en cas d'incendie, de reconstituer une conservation sans grande difficulté.

Au fur et à mesure, on établirait une référence entre ce répertoire foncier et le cadastre. Les géomètres, allant sur les lieux avec des extraits du répertoire foncier, n'iraient pas à tâtons à la recherche des titres.

Enfin, et surtout, on pourrait faire, dès maintenant, la péréquation de l'impôt foncier, sans attendre la réfection du cadastre qui ne pourra pas être effectuée partout en même temps, en sorte que l'on pourra avoir des écarts de 25 à 30 ans entre les évaluations des communes par lesquelles on le terminera et celles des communes par lesquelles on l'aura commencé.

Dans la discussion qui a eu lieu à la Chambre, le 8 juillet 1897, sur le projet de loi portant attribution aux communes du quart du principal de la contribution foncière des propriétés non bâties, M. Camille Krantz, rapporteur général de la Commission du budget, s'exprimait ainsi :

« *M. le rapporteur général.* — Le problème de la péréquation de l'impôt foncier est posé depuis longtemps, mais les termes dans lesquels il est posé se sont singulièrement précisés depuis le vote de la loi du 21

juillet 1894, qui a chargé l'administration des contributions directes de procéder à une nouvelle évaluation
du revenu net de la propriété foncière non bâtie en
France. Cette évaluation est ordonnée par la loi. Elle
comporte d'assez longs délais, elle nécessite un *long et
dispendieux travail* et un *chiffre important de dépense*.
Nous avons au budget un crédit de 1,000.000 francs
pour la préparer. Nous avions même, l'an dernier,
voté un crédit supplémentaire de 1 million pour commencer les travaux de la nouvelle évaluation des revenus fonciers. On a dû annuler le crédit ainsi voté.
Le crédit de cette année n'a pas encore pu être utilisé.
Il est en effet indispensable de voter auparavant certaines mesures législatives : il faut organiser des commis-
sions d'évaluation ; il faut en organiser par la loi le
fonctionnement.

« Ces mesures législatives, plusieurs ministres des
finances les ont proposées ; elles ont été insérées déjà
dans un grand nombre de projets de loi. Elles sont
reproduites dans notre premier projet ; et c'est une
raison de plus pour que nous vous demandions de le
voter le plus promptement possible.

« En effet, ce n'est que quand on aura terminé cette
évaluation qu'on pourra sérieusement étudier utile-
ment les modifications dont l'impôt foncier de la propriété *non bâtie* peut être l'objet.

« Alors on sortira certainement des difficultés qu'en-
traîne une répartition établie d'après un cadastre vieilli ;
nous ne verrons plus, dans une même commune, le
contribuable qui aura planté une vigne dans un terrain
sans valeur toucher de beaux revenus sans payer autre
chose qu'un impôt insignifiant, et, à côté de lui, un
propriétaire qui, après avoir arraché sa vigne phyl-
loxérée et l'avoir remplacée par un champ de pommes
de terre, payer, pour une maigre récolte, un impôt
exorbitant.

« On ne peut faire quoi que ce soit de juste en matière
d'impôt foncier avant d'avoir entrepris cette nouvelle
évaluation ; elle durera quatre ou cinq ans. J'espère

qu'on pourra la hâter un peu plus, et je demanderai à la Chambre, quand nous viendrons à la discussion des articles qui règlent cette opération, de vouloir bien se joindre à la commission pour insister auprès de M. le Ministre des Finances en vue d'activer le plus possible l'exécution de ces travaux. »

Cette distinction fiscale entre la propriété bâtie et non bâtie n'est pas dans la nature des choses.

Quand l'*Enregistrement* sait qu'une maison est affermée 500 francs, il la frappe d'un droit de succession sur ce revenu de 500 francs multiplié par 20, soit sur 10,000 francs.

Les *Contributions directes*, au contraire, font évaluer distinctement la maison et le sol de la maison. L'*Enregistrement* invite le contribuable à déclarer le revenu et il contrôle l'exactitude de cette déclaration ; les *Contributions directes* évaluent ce revenu d'office et laissent au contribuable le soin de le contester.

Pour discuter les mérites respectifs des deux procédés, chacun devant avoir ses avantages et ses inconvénients, il saute aux yeux que l'intérêt du Trésor serait de n'avoir qu'une seule unité fiscale ; car, il est bien évident qu'un immeuble ne saurait avoir *officiellement* deux valeurs.

Que l'on prenne le système que l'on voudra — cela importe assez peu. Mais, ce qui serait très important, c'est que cette valeur fût mentionnée au registre foncier.

On ferait ainsi et à peu de frais la réforme hypothécaire, en même temps que la péréquation de l'impôt foncier, sans distinction entre les propriétés bâties et les propriétés non bâties.

Jules ARNAULT,
Inspecteur de l'Enregistrement à Oran.

ANNEXES

PROJET DE LOI SUR LA RÉFORME DU RÉGIME HYPOTHÉCAIRE

CHAPITRE PREMIER

De la transcription et de ses effets

ARTICLE PREMIER.

Sont rendus publics par la transcription au bureau des hypothèques de la situation des biens :

1° Tous actes et conventions entre vifs, à titre gratuit ou à titre onéreux, et tous jugements ayant pour effet de constituer, transmettre, déclarer, modifier ou éteindre un droit réel immobilier ;

2° Les baux excédant douze années, soit par leur terme originaire, soit par l'effet d'un renouvellement ;

3° Les actes et jugements portant, même pour bail de moindre durée, libération ou cession d'une somme supérieure à une année de loyer ou fermage non échu.

ART. 2.

Jusqu'à la transcription, les droits résultant des actes et jugements énoncés en l'article précédent ne peuvent être opposés aux tiers qui ont des droits sur l'immeuble et qui les ont conservés en se conformant aux lois.

Les baux excédant douze années non transcrits ne peuvent leur être opposés que pour le temps restant à courir de la période de douze ans commencée.

ART. 3.

Sont aussi rendues publiques les mutations par décès

de droits réels immobiliers, par la transcription soit de l'acte constitutif ou déclaratif de la transmission de propriété, soit de la déclaration faite au bureau d'enregistrement.

Art. 4.

Aucune aliénation ou constitution de droits réels ne peut être opposée aux tiers avant la transcription prescrite par l'article précédent.

Art. 5.

La transcription est opérée :

1° Par le dépôt soit d'un extrait analytique ou littéral de l'acte notarié, du jugement ou de l'acte administratif, contenant les noms, prénoms, qualités et domiciles des parties, la désignation des immeubles, les prix ou les soultes, les charges avec leur évaluation, les servitudes et les stipulations restrictives, soit d'un original de l'acte sous seing privé, soit d'un extrait du testament ou d'un extrait certifié de la déclaration de mutation par décès;

2° Par la mention sur le registre du conservateur du contenu de l'extrait ou de l'original.

Le conservateur délivre au déposant un certificat de transcription.

Si l'acte ou le jugement résout, annule ou rescinde un acte transcrit, il en sera fait mention en marge de la transcription, à la diligence du requérant.

Art. 6.

La transcription est requise :

Par les notaires, pour les actes passés devant eux ;

Par les avoués, pour les jugements passés en force de chose jugée et pour les arrêts ;

Par les parties, pour les actes sous seings privés et pour les déclarations de mutations par décès.

Les dispositions des articles 37 de la loi du 22 frimaire an VII et 70 de la loi du 15 mai 1818 sont applicables à la transcription des actes des autorités administratives et des établissements publics rentrant dans les cas prévus par la présente loi.

Art. 7.

L'action en résolution de tout acte soumis à la transcription ne produit d'effets à l'égard des tiers que si la cause de résolution a été mentionnée dans l'extrait de l'acte transcrit au bureau des hypothèques.

Toutefois cette disposition ne s'applique pas à l'action en réduction des libéralités qui excèdent la quotité disponible.

Art. 8.

Dans le cas où la résolution est demandée pour inexécution des conditions, les tiers auxquels elle serait opposable peuvent en prévenir les effets en procurant l'exécution. Ce droit peut être exercé tant que la décision prononçant la résolution n'est pas passée en force de chose jugée.

Art. 9.

Lorsqu'une action en résolution ou en revendication préjudicie aux droits des créanciers privilégiés ou hypothécaires, les sommes que le propriétaire antérieur ou le revendiquant peut être tenu de rembourser sont attribuées à ces créanciers suivant leur rang.

Art. 10.

La clause d'une donation de droits réels immobiliers stipulant le rapport en nature n'est opposable aux tiers que si elle a été rendue publique dans la forme prescrite par l'article 7.

Art. 11.

Les lois du 23 mars 1855 et du 13 février 1889 sont abrogées.

CHAPITRE II

SECTION I. — Des privilèges.

Art. 12.

Les privilèges génér... sur les immeubles sont supprimés.

Les articles 2104 et 2105 du Code civil sont abrogés.

Art. 13.

L'article 2103 est remplacé par le suivant :

« Les créances privilégiées sur les immeubles sont :

« 1° Les frais de justice faits pour la réalisation de l'immeuble et la distribution du prix ;

« 2° La créance du vendeur pour le prix et les charges résultant de l'acte de vente, celle des échangistes pour les soultes stipulées dans l'acte d'échange et les dommages-intérêts pouvant résulter d'une éviction, celle du donateur pour les charges ou prestations imposées au donataire dans l'acte de donation ;

« 3° La créance des copartageants, savoir : pour les soultes ou retours de lots, sur les immeubles compris dans le lot chargé de la soulte ; pour le prix de la licitation, sur le bien licité ; pour la garantie des lots, sur chacun des immeubles compris dans le partage ;

« 4° Celle des créanciers d'une succession et des légataires dans les termes de l'article 2111 nouveau du Code civil. »

L'article 2110 du Code civil est abrogé.

Art. 14

Les articles 2106 et 2107 du Code civil sont remplacés par les suivants :

Art. 2106. — « Entre les créanciers, les privilèges ne produisent d'effet sur les immeubles que s'ils ont été rendus publics par l'inscription et à partir de la date de cette inscription. »

Art. 2107. — « Est seule exceptée de la formalité de l'inscription la créance des frais de justice. »

ART. 15

Les articles 2108 et 2109 du Code civil sont remplacés par les suivants :

Art. 2108. — « Le privilège du vendeur, du donateur, de l'échangiste et du copartageant ne peut s'exercer qu'autant qu'il aura été conservé par une inscription existante.

« Le conservateur des hypothèques est tenu de l'inscrire d'office au moment de la transcription du titre d'où il résulte.

« Le privilège inscrit dans les trente jours de l'acte emporte préférence sur toute inscription prise du chef du nouveau propriétaire. »

Art. 2109. — « L'action résolutoire et l'action en folle enchère ne peuvent s'exercer après la péremption de l'inscription du privilège. »

ART. 16

L'article 2111 du Code civil est remplacé par le suivant :

« Le privilège de séparation des patrimoines prend rang du jour du décès, à la condition d'avoir été inscrit dans les trois mois à compter de l'ouverture de la succession.

« L'inscription peut encore être prise après expiration du délai de trois mois, tant que l'immeuble n'a pas fait l'objet d'une aliénation transcrite ; mais, en ce cas, elle ne produit d'effets qu'à sa date.

« Elle est rayée sur le seul consentement de ceux qui l'ont requise ou qui ont fait mentionner leurs droits en marge. »

SECTION II. — Des hypothèques

ART. 17

Toute hypothèque, soit légale, soit conventionnelle,

doit être inscrite au bureau de la conservation des hypothèques de la situation des biens.

L'inscription ne peut être prise que pour une somme fixe et sur des immeubles désignés.

A défaut d'inscription, l'hypothèque ne peut être opposée aux tiers qui ont des droits sur l'immeuble et les ont conservés en se conformant aux lois.

Les articles 2122, 2129 et 2130 du Code civil sont abrogés.

ART. 18

L'article 2134 du Code civil est ainsi modifié :

« Entre les créanciers, l'hypothèque soit légale, soit conventionnelle, n'a de rang que du jour de l'inscription prise sur les registres du conservateur dans les formes et de la manière prescrites par la loi. »

L'article 2135 du même Code est abrogé en tant qu'il dispense de l'inscription l'hypothèque légale des mineurs et interdits et celle des femmes mariées.

ART. 19

Tout contrat de mariage détermine la somme pour laquelle la femme aura hypothèque légale sur les immeubles de son mari en raison de sa dot et de ses conventions matrimoniales.

Le contrat désigne ceux des immeubles du mari sur lesquels portera l'hypothèque ; à défaut de cette désignation, l'hypothèque portera sur tous les immeubles présents du mari.

Il peut être sursis à l'inscription, mais il ne peut pas être convenu qu'elle ne sera jamais prise.

Le notaire doit prévenir les parties que l'hypothèque n'aura d'effet que par l'inscription ; mention en est faite dans le contrat.

Si le mariage ne s'accomplit pas, l'inscription est rayée sur la représentation soit d'un acte notarié contenant résiliation des conventions matrimoniales, soit d'un jugement rendu sur simple requête par le tribunal du domicile de la partie défenderesse, en chambre du conseil.

Art. 20

Toute inscription qui pourrait devenir nécessaire pendant le mariage sera prise par le mari ou par la femme elle-même, sans aucune autorisation, sur des immeubles et pour des sommes déterminés.

Les parents et alliés de la femme en ligne directe et en ligne collatérale au degré de frère, de sœur, d'oncle et de tante, pourront requérir l'inscription, avec l'autorisation du président du tribunal du domicile du mari.

Art. 21

L'hypothèque légale de la femme peut être remplacée en tout en en partie par un cautionnement dont les conditions sont déterminées soit par le contrat de mariage, soit par le tribunal du domicile du mari statuant en chambre du conseil sur simple requête.

Art. 22

Dans le cas où les femmes peuvent céder leur hypothèque légale ou y renoncer, cette cession ou cette renonciation doit être faite par acte authentique, et les cessionnaires ne sont saisis, à l'égard des tiers que par l'inscription de cette hypothèque à leur profit ou par la mention de la subrogation en marge de l'inscription préexistante.

La renonciation par la femme à son hypothèque légale au profit de l'acquéreur d'immeubles grevés de cette hypothèque en emporte l'extinction à partir soit de la transcription de l'acte d'aliénation, si la renonciation y est contenue, soit de la mention faite en marge de la transcription de l'acte d'aliénation, si la renonciation a été faite par acte distinct.

Art. 23.

Sous quelque régime qu'elle soit mariée, la femme est

autorisée à consentir antériorité à son hypothèque, lorsqu'il s'agit de constructions ou de réparations ayant pour
but de conserver ou d'améliorer les immeubles grevés.

Art. 24.

L'hypothèque légale des mineurs et des interdits doit
être inscrite à la diligence du tuteur ou du subrogé-
tuteur, dans le mois de la délibération qui aura désigné
les immeubles sur lesquels l'hypothèque devra porter et
fixé la somme pour laquelle l'inscription sera prise.

Le subrogé-tuteur est tenu sous sa responsabilité de
veiller à ce que l'inscription soit prise ou de la prendre
lui-même.

Art. 25.

Le conseil de famille peut, par délibération motivée et
prise à la majorité avec avis favorable du juge de paix,
dispenser de l'inscription ou déclarer qu'il y sera
sursis.

Cette délibération peut être frappée d'opposition dans
la huitaine par tout membre du conseil de famille. Le
tribunal statue en chambre du conseil.

Art. 26.

Si le tuteur ne possède pas d'immeubles ou si ses
immeubles sont insuffisants, le conseil de famille peut
lui imposer un cautionnement à la réalisation duquel le
subrogé-tuteur est tenu de veiller.

Il en est de même si le tuteur préfère affranchir ses
immeubles de l'hypothèque légale.

Art. 27.

Dans le cas où les garanties données au mineur ou à
l'interdit seraient devenues insuffisantes, le conseil de
famille pourra exiger une augmentation de cautionnement ou l'extension de l'hypothèque à d'autres immeubles.

— 45 —

Art. 28.

L'article 2161 du Code civil est remplacé par le suivant :

« Si dans le cours du mariage ou de la tutelle il est reconnu que l'hypothèque légale de la femme, du mineur ou de l'interdit, frappe plus de biens qu'il n'est nécessaire, la réduction en peut être demandée par le mari ou le tuteur.

« La demande du mari est portée devant le tribunal de son domicile, qui statue en chambre du conseil sur simple requête.

« A l'égard du tuteur, la réduction est consentie par délibération motivée du conseil de famille, prise à la majorité avec avis favorable du juge de paix.

« Le cautionnement fourni par le mari ou le tuteur, dans les cas prévus par les articles 21 ou 26, peut être réduit dans les mêmes formes. »

Art. 29.

L'hypothèque judiciaire est supprimée ; le deuxième alinéa de l'article 2117 et l'article 2123 du Code civil sont abrogés.

Art. 30.

Le dernier paragraphe de l'article 2148 du Code civil est abrogé.

Art. 31.

L'article 2151 du Code civil est remplacé par le suivant :

« Le créancier inscrit pour un capital produisant intérêts ou arrérages a droit d'être colloqué pour un dixième au plus au même rang que pour son capital, sans préjudice des inscriptions particulières à prendre, emportant hypothèque à partir de leur date, pour les intérêts ou arrérages non conservés par la première inscription. »

La loi du 17 juin 1893 est abrogée.

Art. 32.

Le paragraphe 3 de l'article 2153 est modifié ainsi qu'il suit :

« 3° La nature des droits à conserver, et le montant de leur valeur. »

Art. 33.

Lorsqu'un immeuble aura été assuré soit contre l'incendie, soit contre tout fléau, la somme qui sera due par l'assureur, si elle n'est pas appliquée par celui-ci à la réparation de l'immeuble, sera affectée au payement des créances privilégiées ou hypothécaires selon le rang de chacune d'elles.

Il en sera de même de toute indemnité qui serait due par des tiers, en raison de la perte ou détérioration de l'immeuble grevé.

Tous paiements faits de bonne foi avant opposition seront valables.

Les articles 2, 3 et 4 de la loi du 19 février 1889 sont abrogés.

Art. 34.

L'hypothèque conventionnelle ne peut être établie que par acte authentique.

Les procurations à l'effet de constituer hypothèque doivent être données dans la même forme, sauf la dérogation résultant pour les sociétés commerciales de l'article 6 de la loi du 1ᵉʳ août 1893.

Art. 35.

L'hypothèque consentie pour sûreté d'un crédit ouvert et mentionnée sur les effets créés ou négociés en exécution du contrat, profite aux porteurs jusqu'à concurrence du solde final du compte.

Art. 36.

Le créditeur, malgré la négociation des effets, conserve la faculté de donner mainlevée de l'inscription, sans préjudice du droit du porteur de s'opposer à la radiation par une notification faite au conservateur des hypothèques.

Cette notification doit contenir élection de domicile dans l'arrondissement. Elle sera mentionnée en marge de de l'inscription et le certificat en sera donné sur l'original de l'exploit.

L'opposition n'aura d'effet que pendant deux ans; elle pourra être renouvelée.

Art. 37

L'article 2196 du Code civil est ainsi complété :

« Les conservateurs peuvent également être requis de « délivrer l'état général ou spécial ou en forme de ta-« bleau des transcriptions, inscriptions et mentions exis-« tantes sur leurs registres. La réquisition doit être « expresse, et ne peut être limitée aux seules men-« tions. »

Art. 38

L'article 17 de la loi du 21 ventôse an VII sur les hypothèques est complété comme il suit :

« Un répertoire dans la même forme sera tenu par « immeuble porté sur les registres de la conservation. »

Art. 39

Il n'est rien changé aux privilèges et hypothèques qui garantissent les créances de l'État.

Art. 40

Les dispositions du Code civil contraires à la présente loi sont abrogées.

Art. 41

Un règlement d'administration publique statuera sur les mesures d'exécution nécessitées par la présente loi.

CONGRÈS DE LA PROPRIÉTÉ BATIE

AVIS DU CONGRÈS

SUR LE PROJET DE LOI SUR LA RÉFORME HYPOTHÉCAIRE

Dans sa séance du 1ᵉʳ juin, la première section du Congrès de la propriété bâtie a discuté le projet de loi sur la réforme du régime hypothécaire présenté au Sénat par le gouvernement, et repousse ce projet dans les termes suivants :

Le Congrès,

Considérant que le projet de loi présenté au Sénat comprend des dispositions portant principalement sur :

1° La transcription ;
2° Les privilèges et l'action résolutoire ;
3° Les hypothèques légales ;
4° Les hypothèques judiciaires.

1° *La transcription*

Considérant que les modifications proposées consistent principalement à soumettre à la formalité de la transcription les actes déclaratifs (jugements d'adjudication entre colicitants et actes de partage) et aussi les simples mutations par décès ;

Que cette sorte d'investiture imposée par l'État serait contraire au droit de propriété et aux principes consacrés par les articles 724 et 883 du Code civil ;

Que les intérêts qu'on veut protéger, à savoir ceux des prêteurs d'argent et des acquéreurs, sont, en l'état actuel, sauvegardés d'une manière certaine, puisqu'il suffit aux prêteurs et aux acquéreurs de se faire représenter les titres de propriété et les pièces justificatives des qualités de ceux avec lesquels ils contractent;

Considérant d'un autre côté qu'en édictant que les causes de résolution non mentionnées dans la transcription n'auront aucun effet à l'égard des tiers, alors même que ces causes seraient exprimées dans l'original de l'acte ou résulteraient de la loi, l'article 7 donnerait ouverture à des difficultés sans nombre et procurerait le moyen très simple d'éluder la disposition essentiellement morale de l'article 965 du Code civil, qu'une simple omission intentionnelle ou non y suffirait (1);

Considérant encore que le projet mettrait les intérêts des légataires particuliers d'immeubles à la merci d'un héritier de mauvaise foi;

Considérant enfin que dans le silence de la loi et à défaut d'une disposition expresse (de laquelle d'ailleurs il faudrait toujours craindre la suppression ultérieure), les modifications proposées entraîneraient une énorme aggravation de charges pour tous héritiers ou légataires d'immeubles;

Qu'en effet, les transcriptions imposées par le projet donneraient de plein droit, aux termes de l'article 54 de la loi du 28 avril 1816, ouverture à la perception d'un nouveau droit fiscal de 1 875 0/0; que ce droit serait doublé toutes les fois qu'il y aurait soit plusieurs héritiers, soit plusieurs légataires indivis d'un même immeuble; qu'en effet, il faudrait une première transcription pour saisir l'ensemble des héritiers ou légataires et

---

(1) Article 965, Code civil. Toute clause ou convention par laquelle le donateur aurait renoncé à la révocation de la donation pour survenance d'enfant, sera regardée comme nulle et ne pourra produire aucun effet.

4

constater le passage sur leur tête des biens provenant du *de cujus*. Qu'il en faudrait une seconde à la suite du partage ou de licitation intervenue ultérieurement entre les héritiers ou légataires.

2° *Privilèges et actions résolutoires*

Considérant que le projet propose la suppression des privilèges généraux sur les immeubles; qu'en 1804 le Conseil d'Etat les a maintenus à la suite d'un rapport de Bigot de Préameneu et où on lit ce qui suit... il faut qu'à cet égard, les règles de l'équité soient aussi impérieuses que certaines puisqu'elles se retrouvent dans tous les temps, dans tous les Codes ;

Que ces règles ne doivent pas avoir moins de force qu'aujourd'hui ; que l'intérêt des prêteurs d'argent, seul en jeu ici, ne doit pas prévaloir contre des créances d'un caractère pour ainsi dire sacré, alors surtout qu'elles se réduisent toujours à des sommes relativement peu importantes ;

Considérant que le projet propose au sujet du privilège du vendeur des modifications graves, notamment en édictant que le droit du vendeur n'existera comme privilégié qu'autant qu'il aura été inscrit dans un délai fixe (de 39 jours, délai manifestement trop court), si bien qu'en cas de retard dans cette inscription, les hypothèques consenties par un acquéreur qui n'a pas payé, primeraient le vendeur qui sera ainsi dépouillé ;

Que l'intérêt des prêteurs d'argent ne saurait autoriser pareille iniquité, alors surtout qu'il dépend de ces prêteurs d'être renseignés sur la libération ou la non libération de leur emprunteur, en lui demandant simplement la production de son titre et de la quittance du prix ;

Que la loi du 23 mars 1855 avait su concilier tous les droits et tous les intérêts en stipulant qu'il suffisait, mais qu'il fallait, que le privilège du vendeur originaire fût inscrit et conservé avant la revente ; que la disposition proposée aurait pour résultat d'aider à la mauvaise foi et à la fraude en sacrifiant des intérêts légitimes ;

Considérant que ce qui précède s'applique également à l'article 2119 projeté qui serait ainsi conçu : l'action résolutoire et l'action en folle enchère ne peuvent s'exercer après la péremption de l'inscription du privilège ;

Que sans entrer dans plus de détails, il suffit de dire que, soit l'acquéreur nouveau, soit le prêteur d'argent, peuvent et doivent, avant de traiter, demander au vendeur ou emprunteur la justification du paiement de son prix ; et qu'ils échappent, ainsi, à tous les risques ;

3° *Les hypothèques légales*

Considérant que les modifications essentielles proposées sont les suivantes :

L'hypothèque légale ne peut être prise que pour une somme fixe et sur des immeubles déterminés ; elle n'a de rang qu'au jour de l'inscription (art. 17 et 18 du projet) ;

Que les articles suivants ont pour objet, dans la pensée des auteurs du projet, d'assurer l'inscription des hypothèques légales dans le cas où cette inscription de la spécialisation de l'hypothèque, et quant aux sommes et quant aux immeubles, est utile au crédit des maris et tuteurs;

Qu'une seule exception est faite au profit de l'Etat dont les privilèges et hypothèques continueront à être généraux (article 39) ;

Mais considérant d'autre part que les mesures prises pour assurer dans certains cas l'inscription seront absolument inefficaces ; qu'en en confiant l'exécution à des personnes qui n'y ont aucun intérêt ou même à celles dont l'intérêt est directement contraire, on arrivera d'une manière infaillible à ce résultat que les droits des femmes et des incapables seront sacrifiés ; que la faculté de sursis prévue par l'article 19 § 3 et l'article 25 deviendra la règle,et que l'inscription ne pouvant valoir qu'à sa date arrivera toujours trop tard ; que les auteurs du projet reconnaissent eux-mêmes le danger des modifications proposées;qu'en effet on lit dans l'exposé des motifs ce qui suit : Nous ne dissimulons pas que les modifications à la législation actuelle qui vont être proposées, diminueront sensiblement le gage que le Code civil a accordé aux incapables ;

Considérant d'autre part qu'en l'état actuel, l'article 2143,applicable même aux tutelles légales,et l'article 2144 du Code civil donnent aux tuteurs et aux maris toutes facilités pour limiter les hypothèques dont la loi les grève ; que la simple application de ces articles produit les effets de la loi belge qu'on invoque avec complaisance et aussi les dispositions projetées, mais sans sacrifier les intérêts et les droits des femmes et des incapables; que, dès lors, on n'aperçoit pas la nécessité de faire une loi nouvelle ;

4° *Hypothèque judiciaire*

Considérant que le projet de loi propose la suppression pure et simple de l'hypothèque judiciaire ;

Qu'on invoque, d'une part, le caractère général de cette hypothèque comme étant de nature à nuire au crédit du débiteur, mais considérant que l'art. 2161 C. civ. donne au débiteur le moyen de rendre cette hypothèque spéciale;

Que d'ailleurs l'hypothèque attachée aux décisions de justice, bien loin de nuire au crédit du débiteur, ne peut que lui être utile en facilitant les prêts purement chirographaires et en permettant au créancier muni d'une hypothèque judiciaire d'accorder des délais à son débiteur;

Considérant qu'on soutient, d'autre part, qu'il n'est pas juste qu'un créancier qui n'a pas exigé une hypothèque au moment du contrat puisse s'en procurer une ultérieurement et s'attribuer ainsi une situation privilégiée;

Mais considérant que tout en faisant observer qu'on en pourrait dire autant de tous ceux qui se font consentir des hypothèques conventionnelles, des transports, des nantissements ou qui, par des saisies-arrêts validées par jugement, se procurent un droit de préférence sur les autres créanciers moins diligents, il suffit de dire que les dettes et obligations ne dérivent pas seulement des contrats et spécialement des contrats de prêts, qu'elles dérivent aussi des quasi-contrats, des quasi-délits, des délits et des crimes, de l'exécution ou de l'inexécution d'un mandat (administrateur de Société), de la loi elle-même (articles 202 et suivants, ou obligations qui naissent du mariage, etc., etc.) ;

Que dans tous ces cas et dans bien d'autres, il n'était pas possible au créancier de stipuler à l'avance ou au moment du contrat une garantie quelconque ; que les créances qui naissent de tous ces faits, les pensions alimentaires imposées par la loi, etc., etc., sont au moins aussi sacrées que celles qui sont constituées au profit de prêteurs d'argent et que cependant elles leur seraient purement et simplement sacrifiées, puisqu'il dépendrait toujours d'un débiteur non commerçant de les annuler en consentant au profit des tiers des hypothèques conventionnelles ;

Considérant que l'hypothèque judiciaire étant supprimée, l'ouvrier possédant une créance ne pourra se faire consentir une hypothèque conventionnelle sans exposer des frais relativement importants, tandis que dans l'état actuel, avec l'aide de l'assistance judiciaire et grâce à l'hypothèque judiciaire, il peut se procurer sans frais les garanties nécessaires ;

Considérant enfin que si la loi belge de 1851 a supprimé l'hypothèque judiciaire d'une part, le Code italien promulgué en 1865 l'a maintenue, et que, d'autre part, la statistique démontre que depuis la suppression de cette hypothèque en Belgique, le nombre des expropriations immobilières a triplé, ce qui confirme énergiquement ce qui a été dit ci-dessus sur l'avantage de l'hypothèque judiciaire pour le débiteur lui-même;

Considérant, en résumé, que sans qu'il y ait lieu de s'arrêter à d'autres détails, le projet de loi actuellement soumis au Sénat est, en ce qui concerne la transcription, au moins inutile depuis la loi du 23 mars 1855;

Qu'il crée sans intérêt sérieux une nouvelle catégorie d'actes à transcrire en aggravant considérablement les charges qui grèvent la propriété immobilière;

Que la suppression des privilèges généraux sur les immeubles est contraire aux règles d'équité « qui se retrouvent dans tous les siècles et dans tous les codes »;

Qu'en ce qui concerne le privilège du vendeur et l'action résolutoire, la loi de 1855 a su concilier tous les intérêts; que le projet serait de nature à sacrifier sans raison légitime les intérêts du vendeur non payé;

Que les modifications proposées au régime des hypothèques légales sont inutiles en présence des articles 2143 et 2144 du Code civil; qu'elles seraient dangereuses pour les intérêts des femmes et des incapables;

Que la suppression de l'hypothèque judiciaire serait funeste aux créanciers les plus dignes d'intérêt et aux débiteurs eux-mêmes.

Par ces motifs,

Est d'avis que le projet ne doit pas être adopté.